하나님 나라
성경관통

− 원리편 −

KB189740

하나님 나라 성경관통(원리편)

지은이 이종필
펴낸이 임상진
펴낸곳 (주)넥서스

초판 1쇄 발행 2018년 2월 10일
초판 13쇄 발행 2025년 5월 20일

출판신고 1992년 4월 3일 제311-2002-2호
주소 10880 경기도 파주시 지목로 5
전화 (02)330-5500 팩스 (02)330-5555

ISBN 979-11-6165-247-4   03230
       979-11-6165-267-2   (세트)

가격은 뒤표지에 있습니다.
잘못 만들어진 책은 구입처에서 바꾸어 드립니다.

www.nexusbook.com

하나님 나라

성경 관통

이종필 지음

원리편

「하나님 나라 관점으로 성경관통 워크북 시리즈」를 출간하며

✝ 성경 전체 다시 보기

20년 전, 신학대학원에 입학하고 서울에서 사역을 시작하면서 교회에서 전혀 알지 못하던 수많은 사람들과 만났다. 나는 학부에서 인문학을 전공하고 사람들 만나는 것을 좋아했기에, '우리'의 대화는 더욱 넓고 깊어져만 갔다. 하지만 직면한 현실은 교회가 가르치는 복음이 성도들의 삶에 충분히 답변하지 못한다는 것이었다. 특히 젊은이들은 변화하는 세상에 대해, 자신들의 삶에서 생기는 문제들에 대해 수많은 질문을 쏟아냈다. 그러면서 교회에 대해 답답해했다. 나 또한 복음에 대한 피상적 이해에 머물러 있었다. 때문에 그들에게 시원한 답을 줄 수가 없었다. '죄를 사함 받아 죽어서 천국에 간다, 열심히 기도해서 응답받자'라고 요약되는 설교와 양육의 내용들이 내 삶과 성경 본문들을 충분히 담아내기에는 부족하다는 생각이 들었다. 충분히 복음을 이해하기 위해 성경 전체를 다시 볼 필요가 있다는 결론에 이르렀고, 이렇게 시작한 '성경 전체 다시 보기' 작업이 나에게 문제를 제기한 많은 믿음의 사람들과 건전한 신학자들과 선배 목회자들의 도움으로 조금씩 완성되어 결실을 맺게 되었다.

✝ 구약관통과 신약관통, 그 이후

2014년에 출간한 「하나님 나라 관점으로 구약관통」과 「하나님 나라 관점으로 신약관통」은 이러한 과정을 통해 세상에 나오게 되었다. 이후 나의 삶은 많이 달라졌다. 무엇보다 수많은 목회자와 만나게 되었고, 그들로부터 수많은 질문을 받게 되었다. 하나님 나라에 대해, 교회에 대해 다양한 기고도 하였다. 무엇보다 교회를 건강하게 세우려는 귀한 동역자들의 요청에 응하여 많은 시도를 하게 된 것이다. 「하나님 나라 관점으로 성경관통 워크북 시리즈」는 그렇게 또 세상에 나오게 되었다. 명확하고 효과적으로 성경 전체를 통해 복음의 윤곽을 잡아내고자 하는 많은 분의 요청에 답하게 되어 심히 기쁘다.

✝ 관점으로 관통하라

이 시리즈의 특징은 '관점'과 '관통'이다. 어떤 책이든 저자의 관점이 있듯, 성경도 계시를 주신 하나님의 관점으로 읽어야 한다. 성경은 복음이신 '예수님'과 하나님께서 목표하시고 그리스도께서 성취하신 '하나님 나라'에 대한 책이다.

오늘날에는 이 관점을 부정하고, 독자가 마음대로 성경을 읽으려 한다. 하지만 그것은 잘못된 것이다. 성경은 성경이 제시하는 분명한 관점이 있다. 이 관점을 얻으려면 꼭! 관통해야 한다. 관통은 짧은 시간에 전체를 보는 방식이 효과적이다. 작은 본문들에 매몰되면 깊이 있는 묵상이 아니라, 성경 전체의 복음과 동떨어지는 결과를 초래할 수 있기 때문이다. 이 책을 통해 짧은 시간에 넓은 숲을 보는 관통 훈련을 하길 소망한다.

✝ 원리편, 구약편, 신약편

이 시리즈는 원리편, 구약편, 신약편으로 구성하여 총 3권으로 되어 있다. 먼저 원리편을 통해 복음을 계시하는 언약의 관점으로 하나님 나라를 이해하고, 그 관점으로 성경 전체를 보는 눈을 훈련하여 성경에 흥미를 가지고 복음에 접근하도록 도울 것이다. 구약편과 신약편은 원리편에서 훈련한 관점으로 구약의 모세오경, 역사서, 시가서, 선지서와 신약의 복음서, 역사서, 서신서, 예언서를 전체적으로 관통한다. 결국 이 시리즈는 하나님께서 예수님을 통해 인류와 맺은 언약에 대한 이해를 바탕으로 하나님 나라 복음이 무엇인지 확신하고 살아가도록 우리를 훈련하게 될 것이다. 나아가 복음에 대한 분명한 이해를 통해 건강한 교회의 기초를 다지게 될 것이다.

마지막으로, 이 책을 통해 복음으로 교회를 세우고 세상을 회복하시고자 하는 하나님의 선교에 동참할 동역자들에게 작은 힘을 보태게 된다면 나에게는 큰 기쁨이 될 것이다. 나를 부르시고 끊임없이 사역을 통해 보람을 주시는 하나님께 감사하며, 같이 땀 흘린 세상의빛교회 동역자들과 넥서스CROSS 편집부에도 감사드린다.

2018년 2월
이 종 필 목사 (킹덤처치연구소장)

차례

1과

하나님 나라 이해하기

기독교는 복음이며, 복음을 위해 계시로 주신 책이 바로 '성경'이다. 성경의 복음을 이해하기 위해서는 무엇보다 하나님 나라를 정확히 아는 것이 필수적이다. 보통 '하나님 나라'라고 하면 대부분 죽어서 가는 내세의 천국을 떠올리기 쉽다. 하지만 성경이 가르치는 하나님 나라는 더 큰 총체적인 의미를 가진다.

1과에서는 '하나님 나라'를 이해함으로, 하나님께서 구약에서 계시하고 신약에서 예수 그리스도를 통해 성취하며 사도들을 통해 전하신 복음을 깨닫기 위한 초석을 세우고자 한다.

하나님 나라의 정의

1. 하나님 나라와 세상 나라

하나님 나라의 개념을 이해하기 위해서는, 먼저 세상 나라를 구성하는
국가의 3요소를 이해하는 게 도움이 된다.

📝 다음의 도표에 국가의 3요소를 적고, 하나님 나라의 개념으로 변형시켜 보라.

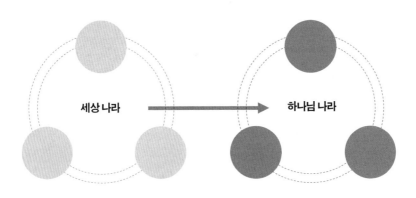

〈국가의 3요소로 본 세상 나라와 하나님 나라〉

국가의 3요소는 주권, 영토, 국민이다. 그 중 가장 중요한 개념은 바로
'주권'이다. 땅과 백성이 있더라도 주권이 없으면 결코 국가라 할 수 없
기 때문이다. 이 개념을 하나님 나라에 도입하면, '하나님 나라란 하나님
께서 택하신 백성이 하나님께서 주신 땅에서 하나님의 주권을 지키며
(하나님의 통치에 순종하며) 살아가는 나라'라고 할 수 있다.

✒️ 국가의 개념으로 하나님 나라에 대해 정리해 보라.

2. 하나님 나라와 복음

우리가 전하는 복음은 하나님 나라의 소식이다. 이사야 52장 7절을 중심으로, 하나님 나라의 관점으로 복음에 대해 정리해 보고자 한다.

> "좋은 소식을 전하며 평화를 공포하며 복된 좋은 소식을 가져오며 구원을 공포하며 시온을 향하여 이르기를 네 하나님이 통치하신다 하는 자의 산을 넘는 발이 어찌 그리 아름다운가"_⟨이사야⟩ 52:7

✒️ 이사야가 말하는 복음이란 무엇인가? 말씀 안에서 그 답을 찾아 보라.

구약의 복된 소식이 예수 그리스도를 통해 이루어졌다. 예수 그리스도를 통해 구원받은 하나님의 백성이 하나님의 통치로 들어가 새로운 생명을 누리며 세상이 회복된다는 소식이 바로 복음이다.

✍ 예수 그리스도와 연관해 복음에 대해 정의해 보라.

3. 하나님 나라와 성경

성경은 이스라엘과 신약의 성도들을 통해 인류 역사 속에 진행된 하나님 나라를 기록한 책이다. 때문에 성경의 이야기를 통해 하나님 나라의 정의가 더욱 명확해진다. 마찬가지로 하나님 나라의 관점으로 성경을 읽을 때 성경이 우리에게 전하고자 하는 메시지를 가장 정확히 이해할 수 있다.

✍ 창세기 2장 15~17절, 신명기 12장 1절, 마태복음 28장 18~20절은 하나님 나라의 3요소가 잘 드러나는 말씀이다. 성경을 찾아서 적어 보라.

• 창세기 2:15~17

• 신명기 12:1

• 마태복음 28:18~20

✝ TIP
에덴동산
히브리어로 '에덴'은 즐거움, 기쁨이라는 의미이다. 하나님께서 최초의 인간인 아담과 하와에게 살도록 허락하신 곳이다.

구약에 나오는 에덴동산과 이스라엘의 이야기를 보면 인류가 하나님의 통치에 순종하지 않을 때, 즉 하나님의 주권이 인정되지 않을 때 땅을 잃게 된다. 땅은 하나님께서 그분의 백성에게 주신 축복인데, 그 축복이 사라지게 된다는 것이다. 반대로 하나님의 주권 아래 살며 하나님의 통치를 이루어갈 때 땅은 번성하고 확장된다.

이렇게 성경은 하나님의 통치가 성취되고 완성될 하나님 나라를 계시한다. 결국 성경은 하나님의 백성이 하나님의 주권을 확립하고 확장해 나가도록 독려한다. 또한 하나님의 백성인 우리가 하나님의 주권과 사탄의 유혹 사이에서 벌어지는 영적 전쟁에 승리하도록 독려한다.

📝 성경을 하나님 나라의 관점으로 이해할 때, 결국 성경이 우리에게 요구하는 삶은 무엇이라고
생각하는가?

4. 하나님 나라와 언약

성경을 보면, 하나님께서 인류의 역사 속에서 하나님 나라를 계시하며
성취하기 위해 사용하신 독특한 용어가 있다. 그것은 바로 '언약'이다.
이 언약의 방식을 알아야 하나님 나라를 더 명확히 이해할 수 있다.

📝 구약에는 언약을 맺는 장면이 여러 번 등장한다. 그 중에서 아브라함과 그랄 왕 아비멜렉의
맹세인 창세기 21장 22~25, 27~31절을 성경에서 찾아 적어 보라.

• 창세기 21:22~25

• 창세기 21:27~31

본문에서 쉽게 알 수 있듯이, 언약에는 언약을 맺는 두 당사자들(관계)과 언약의 증표로 나누는 예물(선물) 그리고 지켜야 할 것(조건)이 있어야 한다. 이를 언약의 3요소라 한다.

✎ 본문을 다시 읽으며, 언약의 3요소(관계, 선물, 조건)를 정리해 보라.

• 언약의 두 당사자들(관계)

• 언약으로 서로에게 주는 예물(선물)

• 지켜야 할 것(조건)

✎ 언약의 3요소 역시 하나님 나라의 3요소와 맞물린다. 언약을 중심으로, 다음 도표의 빈칸을 완성해 보라.

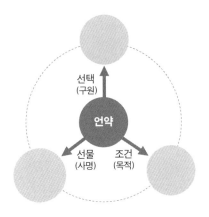

〈언약으로 맺어진 하나님 나라의 3요소〉

하나님께서는 이러한 언약의 방식으로 하나님의 백성과 관계를 맺으며 하나님 나라를 확장해 가신다. 성경에는 이러한 언약들이 여러 번 등장하지만, 중요한 세 가지 언약을 다음과 같이 정리해 볼 수 있다.

본문	관계	선물	조건
창세기 2장	아담	에덴동산	선악과 명령
출애굽기 19장 ~ 레위기 27장	이스라엘	가나안	모세의 율법
복음서	인류	온 땅	하나님 말씀

 TIP

시내산

오늘날 이집트의 시내반도 남단에 위치한 것으로 추정된다. 이곳은 모세가 하나님께 십계명을 받았던 곳이다. 호렙산(출 17:6), 하나님의 산 호렙(출 3:1), 산(출 19:2), 하나님의 산(출 24:13)으로도 불렸다.

가나안

이집트와 소아시아 사이에 위치한 지중해 동부 연안(팔레스타인-남부 시리아)을 말한다. 성경에서의 가나안은 일반적으로 요단 서편을 의미하며(창 10:19), 하나님께서 아브라함과 그 자손들에게 주시겠다고 약속한 땅을 지칭한다(창 12:7).

언약의 3요소와
하나님 나라의 이해

하나님께서 언약을 통해 하나님 나라를 세워 가신 것이 성경 전체의 핵심이다. 다시 정리하면, 하나님께서는 자신의 백성을 택하여 언약의 당사사(관계)로 세우신다. 그리고 언약의 당사자에게 땅(선물)을 주시며, 언약의 당사자인 하나님의 백성이 그 땅에서 하나님의 주권(조건)을 지키며 살아가게 하신다. 이러한 언약의 3요소는 성경 곳곳에 나타난다.

✏️ 다음에 제시된 말씀을 성경에서 찾아 적고, 하나님 나라와 언약의 관계를 정리해 보라.

✝관계

- 창세기 17:7

"세계가 다 내게 속하였나니 너희가 내 말을 잘 듣고 내 언약을 지키면 너희는 모든 민족 중에서 내 소유가 되겠고"_〈출애굽기〉 19:5

"그러나 그 날 후에 내가 이스라엘 집과 맺을 언약은 이러하니 곧 내가 나의 법을 그들의 속에 두며 그들의 마음에 기록하여 나는 그들의 하나님이 되고 그들은 내 백성이 될 것이라 여호와의 말씀이니라"_〈예레미야〉 31:33

- 요한계시록 21:7

언약을 통한 하나님과 우리의 관계 정리: 하나님 나라를 이루시기 위해 하나님께서는 먼저 우리를 택하여 관계를 맺는 데서(백성을 삼으심) 시작하신다. 이것이 바로 '구원'이다.

✝선물

- 창세기 15:18

- 출애굽기 33:1

"그의 마음이 주 앞에서 충성됨을 보시고 그와 더불어 언약을 세우사 가나안 족속과 헷 족속과 아모리 족속과 브리스 족속과 여부스 족속과 기르가스 족속의 땅을 그의 씨에게 주리라 하시더니 그 말씀대로 이루셨사오매 주는 의로우심이로소이다"_〈느헤미야〉 9:8

"이르시기를 내가 가나안 땅을 네게 주어 너희에게 할당된 소유가 되게 하리라 하셨도다"_〈시편〉 105:11

- 마태복음 5:5

- 사도행전 1:8

언약에서 하나님께서 우리에게 주신 땅이란: 하나님과 관계 맺은 자들에게 하나님은 선물이자 사명으로 '땅'을 주셨다. 땅은 하나님의 백성이 사명을 이루며 살아야 할 터전이다.

✝조건

- 창세기 18:18~19

- 잠언 1:7

"땅이 또한 그 주민 아래서 더럽게 되었으니 이는 그들이 율법을 범하며 율례를 어기며 영원한 언약을 깨뜨렸음이라"〈이사야〉 24:5

• 에스겔 16:59

"그러므로 어디서 떨어졌는지를 생각하고 회개하여 처음 행위를 가지라 만일 그리하지 아니하고 회개하지 아니하면 내가 네게 가서 네 촛대를 그 자리에서 옮기리라"〈요한계시록〉 2:5

언약에서 하나님께서 우리에게 요구하시는 조건 정리: 하나님은 그 땅에서 하나님의 주권을 인정하며 하나님 나라를 확장할 것을 언약의 조건으로 내세우신다. 그 조건을 이행하는 것이 땅을 번성하게 하거나 잃게 만드는 원인이 된다. 이것이 언약의 목적이다. 즉 하나님의 주권이 인정되지 않으면, 하나님의 백성에게 주어진 땅의 운명은 뒤바뀌게 된다.

🌿 이 과의 핵심 정리

1. 하나님 나라는 백성, 땅, 주권으로 구성되어 있다. 그 중 가장 중요한 것이 '주권'이다.
2. 하나님께서는 언약을 통해 하나님 나라를 세워 가신다.
3. 하나님의 언약은 관계 설정, 선물이자 사명인 땅, 하나님의 주권으로 이루어진다.

🌿 이번 주 과제

하나님 나라 관점으로 뽑은 핵심 말씀을 성경에 체크하며 읽기

성경	범위	핵심 말씀
창세기	1~10장	1:27~28, 2:15~17, 3:5, 4:20~22, 5:21~22, 6:5~7, 7:23, 8:20~21, 9:16~17, 10:1
	11~20장	11:10,27, 12:1~3, 13:14~16, 14:18~20, 15:4~5, 16:15~16, 17:1~2, 18:17~19, 19:24~25, 20:2~3
	21~30장	21:1~3, 22:16~18, 23:17~18, 24:1,60, 25:23, 26:3~5, 27:28~29, 28:13~15, 29:31, 30:25
	31~40장	31:12~13, 32:12,28, 33:18~20, 34:30, 35:10~12, 36:1, 37:36, 38:26, 39:2,9, 40:8
	41~50장	41:39, 42:2, 43:1~2, 44:12, 45:7~8, 46:3~4, 47:30, 48:16, 49:1, 50:24~25
출애굽기	1~10장	1:20, 2:24~25, 3:10,17, 4:30~31, 5:22~23, 6:7~8, 7:5, 8:22, 9:35, 10:1~2
	11~20장	11:3, 12:13~14, 13:5,19, 14:31, 15:17~18, 16:4, 17:14~15, 18:20~21, 19:5~6, 20:1~2
	21~30장	21:1, 22:22~24, 23:20~22, 24:6~8, 25:8~9, 26:1, 27:1, 28:1, 29:45~46, 30:1
	31~40장	31:16~17, 32:13~14,35, 33:1, 34:6~7, 35:1, 36:2, 37:1, 38:1, 39:42~43, 40:34~35
레위기	1~10장	1:2~3, 2:1, 3:1, 4:2~3, 5:15, 6:9, 7:1~2, 8:2, 9:22~24, 10:1~2
	11~20장	11:46~47, 12:2, 13:2, 14:2, 15:31, 16:32~34, 17:10~11, 18:3~4, 19:2, 20:22~23
	21~27장	21:1, 22:2, 23:2, 24:15~16, 25:2, 26:3~4, 27:30~32

하나님 나라 관점으로
성경 시작하기

성경은 '역사 속에 나타난 하나님 나라의 시작에서 완성까지의 과정을 기록한 책'이라고 정의할 수 있다. '역사 속에 나타났다'라는 것은 하나님의 계시가 인간에게 드러났다는 것이며, '시작에서 완성까지의 과정'이라는 것은 인류 역사의 시작에서 끝까지를 완벽하게 모두 계시한 책이라는 의미이다. 성경에 대한 이러한 정의에 동의한다면, 성경 전체를 하나님 나라의 관점으로 다시 살펴보아야 한다. 성경을 이해하는 핵심 주제로 구원, 하나님, 예수 그리스도, 이스라엘 등이 있을 수 있다. 하지만 '하나님 나라'는 이 모든 주제를 완전히 포괄하는 것으로, 인류 역사를 통해 이루어 가시는 삼위일체 하나님의 목적이다.

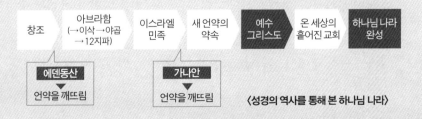

〈성경의 역사를 통해 본 하나님 나라〉

언약의 흐름에 따른 하나님 나라

1. 창조로 시작된 하나님 나라

성경은 하나님께서 이 세상을 창조하신 것에서부터 시작한다.

✎ 하나님께서 창조하신 에덴동산의 하나님 나라를 국가의 3요소 개념으로 변형하여 다음의
도표를 완성해 보라.

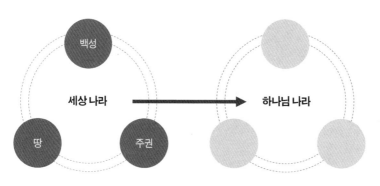

주권의 실패 ▶ 땅의 상실

〈에덴동산의 하나님 나라 모형〉

창조된 하나님의 백성은 하나님께서 만드신 땅에서 하나님의 주권을 지키며 살아야 한다. 그것은 인간이 선악과 명령을 지키는 것이며 그럴 때 복이 주어진다. 하지만 아담과 하와는 그 명령을 어겼고, 에덴동산에 이루어진 하나님 나라는 실패하고 말았다. 그 결과 아담과 하와는 하나님께서 주신 땅에서 쫓겨났고 하나님의 주권을 인정하지 않은 대가를

치르며 살아가게 되었다. 하나님을 알지 못하고 힘겹게 살아가는 모든 인류의 비극적 운명이 여기서 시작된 것이다.

📝 세상 역사 속에 처음 등장한 하나님 나라는 어떻게 되었는지 정리해 보라.

2. 아브라함의 후손을 통해 계속되는 하나님 나라

하나님께서는 노아의 후손 셈의 자손들 중 아브라함을 택하셔서 모든 인류에게 하나님 나라의 축복이 이어지게 하셨다. 모든 인류가 하나님의 말씀을 지키며 살아감으로, 죄의 결과로 찾아온 불행에서 벗어나 하나님을 섬기며 이웃을 사랑하는 축복된 삶을 살아가길 원하시기 때문이다.

> "17여호와께서 이르시되 내가 하려는 것을 아브라함에게 숨기겠느냐 18아브라함은 강대한 나라가 되고 천하 만민은 그로 말미암아 복을 받게 될 것이 아니냐 19내가 그로 그 자식과 권속에게 명하여 여호와의 도를 지켜 의와 공도를 행하게 하려고 그를 택하였나니 이는 나 여호와가 아브라함에게 대하여 말한 일을 이루려 함이니라"
>
> _〈창세기〉 18:17~19

✑ 다음은 아브라함을 통해 확장되어 가는 하나님 나라의 모습이다. 빈칸을 완성해 보라.

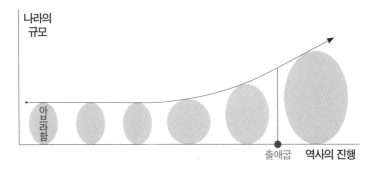

〈이스라엘의 역사와 함께 확장되는 하나님 나라〉

✑ 하나님께서 아브라함을 통해 세상에서 하나님의 백성을 택하시고 그들에게 땅을 주시려는
이유는 무엇인가?

3. 이스라엘과의 언약

하나님께서는 하나님 나라의 확장을 위해 아브라함의 후손들을 애굽에
서 큰 민족으로 번성하게 하셨다. 그리고 모세를 세워 출애굽하게 하시
고, 그 민족의 조상에게 약속한 가나안 땅으로 인도하셨다. 그 과정에서
하나님은 이스라엘 백성과 언약을 맺으신다.

✍️ 시내산 언약으로 세워진 하나님 나라를 국가의 3요소 개념으로 변형하여 다음의 도표를 완성해 보라.

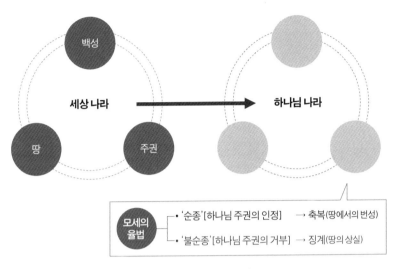

〈가나안의 하나님 나라 모형〉

하나님의 백성이 하나님께서 주신 땅을 얻기 전에 하나님과 언약을 체결한다는 것은, 선물로 받은 땅에서 하나님의 주권을 인정하며 살아가는 백성이 되겠다고 서약하는 것이다. 그러므로 하나님의 백성은 하나님이 주실 땅에서 언약의 말씀을 따라 살아가야 한다. 이것이 축복의 조건이다. 만약 하나님의 말씀을 떠나 하나님의 주권을 인정하지 않으면 주님의 징계가 찾아온다.

✍️ 위의 도표를 참고하여 하나님께서 이스라엘 백성에게 요구하신 하나님 나라의 모습은 무엇인지 정리해 보라.

4. 새 언약을 통해 하나님 나라를 성취하신 예수님

하나님께서는 이스라엘과 언약을 맺고 하나님 나라를 세울 것을 요구하셨다. 하지만 이스라엘은 실패하고 말았다. 그러한 가운데 선지자들은 메시아를 통한 새 언약의 하나님 나라를 예언했고, 그 약속은 예수 그리스도를 통해 온전히 성취되었다. 뿐만 아니라 그 하나님 나라는 교회를 통해 확장되고, 이후 예수님의 재림을 통해 완성될 것이다. 이때 비로소 하나님께서 친히 다스리는 완전한 하나님 나라에서 성도들은 영원한 삶을 누리게 된다.

✏️ 위의 내용을 바탕으로 다음 도표를 완성해 보라.

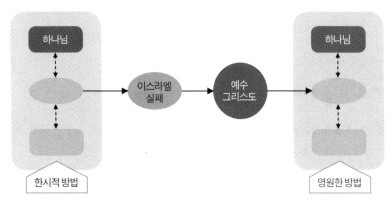

〈예수 그리스도를 통한 하나님 나라의 성취〉

땅과 하나님 나라

1. 땅을 통해 구체화되는 하나님 나라

✎ 다음은 이스라엘의 각 시대마다 하나님께서 주신 땅이 확장되고 축소되는 상황을 표현한 것이다. 다음에 제시된 이스라엘의 역사를 도표에 채워 보라.

> 여호수아, 열왕기상하, 포로기, 출애굽, 사사기, 사무엘상하

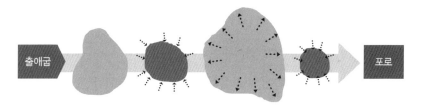

〈땅의 확장과 상실의 역사(핵심은 하나님 주권)〉

하나님께서는 아브라함에게 약속한 대로 하나님의 백성에게 땅을 주셨다. 하나님의 명령대로 살아갈 때 하나님의 백성은 다윗과 솔로몬의 시대와 같이 번성을 누렸지만, 자신의 권리를 주장하며 하나님을 멀리할때 사사시대 또는 솔로몬 이후 왕들의 시대와 같이 멸망의 길을 걸었다. 다시 말해, 이스라엘 백성이 하나님이 주신 땅을 확장하고 그 땅에서 번성하는 비결은 하나님의 주권을 인정하는 것이었다.

📝 앞의 도표를 통해 이스라엘의 역사와 땅의 관계에 대해 정리해 보라.

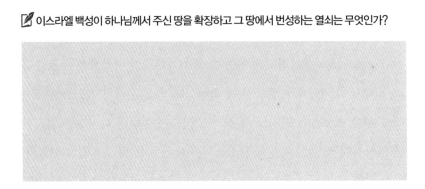

하나님께서 자신의 백성에게 땅을 주신 이유는, 하나님 말씀에 순종하며 서로 사랑하는 삶의 열매를 보시기 위함이다. 그리고 하나님의 영광을 널리 전하여 하나님 나라가 온 세상에 확장되기 위함이다. 그렇지 않을 때 하나님께서는 자신의 목적을 회복하기 위해 징계를 내리신다. 하나님의 통치를 거부하는 것은 약속의 땅을 상실하는 것으로 직결된다.

📝 이스라엘 백성이 하나님께서 주신 땅을 확장하고 그 땅에서 번성하는 열쇠는 무엇인가?

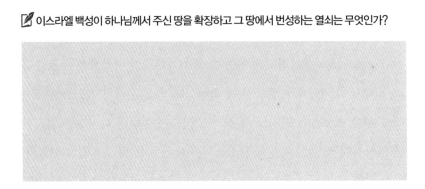

2. 구약에서 약속된 메시아를 통한 하나님 나라

하나님께서는 자신의 백성이 실패했음에도 하나님 나라의 비전을 포기하지 않으셨다. 결국 메시아 예수 그리스도를 통해 새 언약을 맺으시고 하나님 나라를 성취하실 것을 선지자들이 일관되게 전하고 있다.

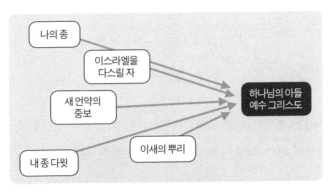

〈구약에서 예언된 예수 그리스도〉

✝TIP

메시아

히브리어로 '기름부음을 받은 자'라는 뜻으로 구원자, 해방자라는 의미를 지닌다. 신약에서는 일반적으로 '그리스도'로 번역되었다. 구약에서 '기름부음을 받는다'라는 것은, 하나님의 특별한 일들을 수행할 특별한 종으로 부름을 받는다는 의미로 이해되고 있다. 그런 의미에서 제사장(레 4:3), 왕(삼상 24:10), 선지자들(왕상 19:16)이 여기에 해당됐다. 신약 시대에는 예수 그리스도께서 진정한 메시아로 이 땅에 오셔서 하나님 나라를 성취하셨다.

예수 그리스도는 하나님의 뜻대로 통치하실 진정한 왕이다. 그분은 세상의 방식이 아닌 고난과 십자가의 길을 통해 하나님의 백성을 구원하고 하나님 나라를 성취하신다. 이를 통해 하나님과 하나님의 백성이 새 언약을 맺게 된다. 그리고 우리는 거룩한 예식을 통해 하나님의 백성임을 확인한다. 실패한 하나님의 백성과 성전의 영광은 메시아를 통해 회복될 것이며, 이후 교회를 통해 흘러나갈 하나님의 복음은 이 세상을 회복시킬 것이다.

✒️ 선지자들의 예언에서 드러나는 메시아인 예수 그리스도는 어떤 분인가?

이제 우리는 예수 그리스도를 믿어 자신이 죄인임을 인정함으로 하나님의 백성이 된다. 더불어 하나님의 백성으로 온 세상에 하나님 나라를 확장해 나가는 새로운 시대가 열렸다. 우리는 아브라함의 자손이 되며 하나님의 통치가 영원히 계속되는 내세의 하나님 나라를 소유하게 되는 것이다.

✒️ 선지자들의 예언대로 메시아를 통해 성취된 하나님 나라의 언약은 우리에게 어떤 의미가 있는가?

3. 하나님 나라를 확장하는 하나님의 백성

예수님께서 부활하고 승천하신 이후 제자들은 성령을 받고 하나님 나라의 복음을 증거하기 시작했다. 그 결과 교회가 생겨났다. 베드로를 중심으로 예루살렘 교회가 확장되었고, 빌립은 사마리아까지 하나님 나라를 전파했다. 또한 박해로 흩어진 성도들을 통해 이방 지역에도 교회가 생겨났으며, 바울과 바나바를 선교사로 파송하면서 본격적으로 하나님 나라가 확장되기 시작했다.

📝 교회의 확장 이야기를 다음의 도표에 채워 보라.

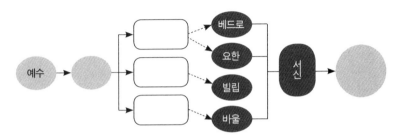

〈예수 그리스도 이후 하나님 나라의 확장〉

✝ TIP

사마리아

이스라엘의 중부에 위치한 이곳은 북이스라엘의 수도로서, 정치·문화의 중심적 역할을 감당했다. B.C. 722년 앗수르에 의해 북이스라엘이 멸망하자(왕하 17:3~6) 앗수르는 사마리아에 살던 이스라엘 백성의 일부를 당시 앗수르가 지배하던 여러 지역으로 강제 이주 시켰다. 동시에 여러 지역의 식민지 주민들을 사마리아로 이주시켰다(왕하 17:24). 이로 인해 사마리아 지역의 신앙은 혼합주의적인 경향을 띠게 되었으며, 사마리아인은 유대인에게 배척당하게 된다.

이전에 구약의 백성이 가나안을 중심으로 살아갔다면, 예수님 이후 하나님의 백성은 지리적 한계를 초월하여 모든 민족으로 나아가 하나님 나라를 확장해야 한다. 하나님께서 주신 땅에서 하나님의 주권을 인정하고 예수 그리스도를 통해 주신 말씀을 지키며 나아가 온 세상에 하나님 나라를 확장하며 살아가는 것이다(마 28:18~20).

📝 교회의 이야기는 오늘날 예수 그리스도를 통해 하나님 백성이 된 사람들에게 어떻게 살아야 한다는 것을 말하고 있는가?

4. 완성될 하나님 나라를 바라보며 승리하는 하나님 백성

교회의 성도들은 완성될 하나님 나라를 바라보며 영적 전쟁을 치른다. 성령의 인도하심을 따라 말씀에 순종하여 하나님 나라를 확장하며 살아가느냐, 자신의 욕망과 사탄의 유혹을 따라 살아가느냐의 치열한 싸움이다. 이러한 상황 가운데 요한계시록은 영적 전쟁에서 승리하도록 성도들을 독려하고 있다. 결국 이 세상은 주님의 재림과 함께 종말을 맞이할 것이다. 싸움이 끝나고 영원히 하나님의 통치 아래 살아가게 될 새 하늘과 새 땅을 소망하게 한다.

📝 하나님의 백성은 여전히 하나님 나라의 확장을 위해 살아가고 있다. 이러한 상황 가운데 있는 우리에게 성경의 마지막인 요한계시록은 어떤 의미가 있는가?

🌿 이 과의 핵심 정리

1. 성경을 하나님 나라의 관점으로 볼 때, 다양한 주제들을 아우르며 전체 이야기를 하나로 연결하여 이해할 수 있다. 하나님 나라는 땅의 확장을 통해 구체화되며, 그 땅의 운명은 하나님의 백성이 하나님의 주권에 순종하는지의 여부에 따라 결정된다.

2. 이스라엘은 하나님 나라를 이루는 데 실패하였지만 하나님께서 예비하신 메시아, 예수 그리스도를 통해 완성되었다. 예수 그리스도께서 성취하신 하나님 나라를 통해 나타난 교회는 예수님의 재림 때까지 하나님 나라의 복음을 증거하며 최종 승리를 고대한다.

🌿 이번 주 과제

하나님 나라 관점으로 뽑은 핵심 말씀을 성경에 체크하며 읽기

성경	범위	핵심 말씀
민수기	1~12장	1:2~3, 2:2, 3:15, 4:2~3, 5:2,6~7, 6:2, 7:2, 8:24, 9:2, 10:10~12, 11:1, 12:1
	13~24장	13:2, 14:2~3, 15:32, 16:1, 17:8~10, 18:1,23~24, 19:20, 20:2~3, 21:33~34, 22:5~6, 23:8, 24:9
	25~36장	25:3, 26:1~2, 27:18~20, 28:1~2, 29:1,7,12, 30:1~2, 31:6~7, 32:6,33, 33:1, 34:2, 35:2~3, 36:6,13
신명기	1~11장	1:5, 2:14~15, 3:21~22, 4:1~2, 5:1,7, 6:4~5, 7:12, 8:11~14, 9:5~6, 10:12~13, 11:13~17
	12~22장	12:1,5~6, 13:1~3, 14:1~2,28~29, 15:7~8, 16:19~20, 17:18~20, 18:9, 19:10, 20:1, 21:22~23, 22:8
	23~34장	23:15~16, 24:19, 25:3~4, 26:12~13, 27:12~13, 28:1,15, 29:1, 30:15~18, 31:23, 32:46~47, 33:1, 34:5~6
여호수아	1~8장	1:2,7, 2:1,24, 3:15~17, 4:20,24, 5:2,15, 6:20, 7:1,13, 8:28
	9~16장	9:14~15, 10:5, 11:23, 12:1,7, 13:1, 14:12~13, 15:14~16, 16:5
	17~24장	17:1, 18:1~2, 19:1, 20:2, 21:41~42, 22:28~29, 23:5~6, 24:14~16
사사기	1~10장	1:1,19, 2:2, 3:7, 4:4, 5:31, 6:12, 7:7, 8:28, 9:56~57, 10:6
	11~21장	11:32~33, 12:1, 13:5, 14:1~2, 15:20, 16:28, 17:4,13, 18:30~31, 19:1~2,25, 20:18,35, 21:25
룻기	1~4장	1:16, 2:2,15~16, 3:13, 4:21~22

3 과

하나님 나라 3요소로
성경 살펴보기

하나님 나라가 약속되고 완성되는 과정으로 성경을 읽을 때 하나님의 뜻이 가장 명확히 드러난다. 언약 개념을 기초로 하여 '백성-땅-주권' 세 가지 키워드를 중심으로 성경 전체의 내용을 정리하면서 복음에 대한 이해의 기초를 쌓는다면, 예수 그리스도께서 이루신 구원의 풍성함을 깨닫고 누릴 수 있다.

백성(국민)

성경은 하나님의 백성이 형성되는 과정을 보여 준다. 다음의 말씀들을 그 과정대로 나열해 보라.

① "너희를 내 백성으로 삼고 나는 너희의 하나님이 되리니 나는 애굽 사람의 무거운 짐 밑에서 너희를 빼낸 너희의 하나님 여호와인 줄 너희가 알지라"_〈출애굽기〉 6:7

② "¹⁸예수께서 나아와 말씀하여 이르시되 하늘과 땅의 모든 권세를 내게 주셨으니 ¹⁹그러므로 너희는 가서 모든 민족을 제자로 삼아 아버지와 아들과 성령의 이름으로 세례를 베풀고 ²⁰내가 너희에게 분부한 모든 것을 가르쳐 지키게 하라 볼지어다 내가 세상 끝날까지 너희와 항상 함께 있으리라 하시니라"_〈마태복음〉 28:18~20

③ "²⁷하나님이 자기 형상 곧 하나님의 형상대로 사람을 창조하시되 남자와 여자를 창조하시고 ²⁸하나님이 그들에게 복을 주시며 하나님이 그들에게 이르시되 생육하고 번성하여 땅에 충만하라, 땅을 정복하라, 바다의 물고기와 하늘의 새와 땅에 움직이는 모든 생물을 다스리라 하시니라"_〈창세기〉 1:27~28

④ "영접하는 자 곧 그 이름을 믿는 자들에게는 하나님의 자녀가 되는 권세를 주셨으니"_〈요한복음〉 1:12

⑤ "내가 너로 큰 민족을 이루고 네게 복을 주어 네 이름을 창대하게

하리니 너는 복이 될지라"_〈창세기〉 12:2

⑥ "내가 들으니 보좌에서 큰 음성이 나서 이르되 보라 하나님의 장막이
사람들과 함께 있으매 하나님이 그들과 함께 계시리니 그들은 하나
님의 백성이 되고 하나님은 친히 그들과 함께 계셔서"_〈요한계시록〉 21:3
"이기는 자는 이것들을 상속으로 받으리라 나는 그의 하나님이 되고
그는 내 아들이 되리라"_〈요한계시록〉 21:7

③ →

📝 앞의 말씀을 참고하여 하나님 백성을 의미하는 단어들의 변화를 도표에 적어 보라.

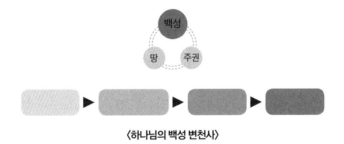

〈하나님의 백성 변천사〉

하나님께서는 언약을 통해 이스라엘 백성을 자신의 백성으로 삼고 그
들의 하나님이 되셨다. 뿐만 아니라 라합이나 룻과 같은 이방인들도 그
분의 백성에 속하게 되었다(수 6:22; 룻 1:22). 요나와 이사야 등을 보면,
이방인들을 하나님의 백성으로 만들려는 하나님의 의지가 구체적으로

나타나 있다. 이렇게 구약의 이스라엘과 맺은 하나님의 언약은 신약의 예수 그리스도께서 십자가로 세우신 새 언약으로 대체된다. 예수 그리스도의 사역으로 이방인과 유대인의 벽이 허물어졌다. 결국 새 언약의 목적은 구약과 동일하게 하나님께서 하나님의 백성을 택하시고 그들의 하나님이 되셔서 이 땅에 하나님 나라를 이루어 가시는 것이다. 하나님의 백성은 이스라엘 민족에게 국한된 것이 아니라 모든 인류에게로 확장된다.

✍️ 하나님의 언약은 아브라함을 지나 이스라엘에게 확장된다. 하지만 하나님의 구원 계획은 이스라엘에게만 한정되는 것이 아니라 처음부터 온 세상을 대상으로 계획된 것이었다. 이러한 하나님의 계획을 구약의 어떤 이야기들을 통해 알 수 있으며 이방인에게까지 확장된 구원은 어떻게 이루어지게 되었는지 적어 보라.

하나님께서는 세상을 창조하고, 사람을 하나님의 형상으로 창조하셨다. 그들을 통해 영광 받고 하나님 나라를 만들려고 하셨지만, 첫 사람

아담과 하와의 타락으로 이 세상이 죄로 가득하게 되었다. 이에 하나님께서는 죄가 범람한 세상을 홍수로 심판하고 바벨탑 사건을 통해 언어를 흩으신 후, 다시금 이 세상에 하나님 나라를 확장하기 위해 아브라함을 부르셨다. 아브라함을 통해 형성된 이스라엘 민족을 백성으로 삼아 하나님 나라의 뜻을 이루려고 하셨던 것이다. 그 과정에 이방인들도 포함되었다. 이후 구약의 언약은 예수 그리스도께서 이루신 새 언약으로 대체된다. 예수 그리스도께서 이루신 십자가 구속사역 이후 유대인과 이방인의 벽은 완전히 사라졌고, 예수 그리스도를 믿는 모든 자는 하나님의 백성이 되었다. 예수님께서 승천하신 후 교회 시대는 결국 온 인류를 백성 삼으시려는 하나님의 사역이 계속되는 시대이며, 모든 하나님의 백성에게 선교적 사명이 주어졌다.

✍ 앞의 세 문항 내용을 종합하여 성경 전체에서 하나님 백성이 형성되는 과정을 적어 보라.

바벨탑 사건

히브리어로 '바벨'은 혼돈이라는 의미를 지닌다. 노아의 홍수 이후 사람들은 자신의 이름을 내고 온 지면에 흩어짐을 면하며 연합하기 위해 시날 평지에 위치한 '바벨'이라는 곳에 꼭대기가 하늘에 닿을 수 있는 탑을 쌓기로 계획한다(창 11:4). 그러자 하나님은 사람들의 언어를 혼잡하게 하셔서 탑을 쌓지 못하게 하고, 그들은 온 지면에 흩으셨다(창 11:9). 이것을 가리켜 '바벨탑 사건'이라고 한다.

땅(영토)

📝 성경은 하나님께서 자신의 백성에게 땅을 주고, 그 땅에서 하나님의 주권을 세워가는 과정을 보여 준다. 다음은 그 과정을 따라 기록된 성경 말씀이다. 주어진 말씀을 성경에서 찾아 적고, 하나님께서 백성에게 주신 땅의 발전 과정을 정리한 글을 읽어 보라.

• 창세기 17:8

하나님께서 창조한 세상이 타락한 후, 하나님께서는 타락한 세상에 다시 하나님 나라의 영역을 세워가셨다. 그 방법은 하나님의 백성에게 땅을 주시고, 그 땅에서 하나님의 백성으로 살아가게 하시는 것이다. 이에 하나님께서는 아브라함을 택하시고, 가나안 땅을 주겠다는 약속을 하신다.

"⁵¹너희가 요단 강을 건너 가나안 땅에 들어가거든 ⁵²그 땅의 원주민을 너희 앞에서 다 몰아내고 그 새긴 석상과 부어 만든 우상을 다 깨뜨리며 산당을 다 헐고 ⁵³그 땅을 점령하여 거기 거주하라 내가 그 땅을 너희 소유로 너희에게 주었음이라"_〈민수기〉 33:51b~53

• 민수기 33:55~56

하나님께서는 이스라엘 백성을 출애굽 시킨 후, 약속하신 언약의 땅 가나안을 주셨다. 이에 가나안을 받은 그들은 그 땅에서 우상을 없애고 하나님만을 예배할 책임이 주어졌다. 그 책임의 실행 여부에 따라 땅의 운명이 결정되는 것이다.

- 사무엘하 7:23

"다윗이 어디로 가든지 여호와께서 이기게 하셨더라"_〈사무엘하〉 8:14b

"²⁰유다와 이스라엘의 인구가 바닷가의 모래 같이 많게 되매 먹고 마시며 즐거워하였으며 ²¹솔로몬이 그 강에서부터 블레셋 사람의 땅에 이르기까지와 애굽 지경에 미치기까지의 모든 나라를 다스리므로 솔로몬이 사는 동안에 그 나라들이 조공을 바쳐 섬겼더라"
_〈열왕기상〉 4:20~21

하나님께 순종한 다윗과 솔로몬 시대에 이르러 땅은 매우 크게 확장된다. 결국 땅의 운명은 하나님 나라의 주권이 확립되는가에 달려 있다.

- 이사야 1:2~3

"¹⁶그들이 내 백성의 도를 부지런히 배우며 살아 있는 여호와라는 내 이름으로 맹세하기를 자기들이 내 백성을 가리켜 바알로 맹세하게 한 것 같이 하면 그들이 내 백성 가운데에 세움을 입으려니와 ¹⁷그들이 순종하지 아니하면 내가 반드시 그 나라를 뽑으리라 뽑아 멸하리라 여호와의 말씀이니라"_〈예레미야〉 12:16~17

구약의 선지자들은 하나님 나라의 주권 확립 여부에 따라 땅의 운명이 결정됨을 알고, 하나님의 주권을 인정하며 그분의 말씀을 실천하라고 열심히 외쳤다. 이스라엘이 하나님을 인정하지 않을 때마다 선지자들은 계속 책망하였다.

"²²이스라엘 자손이 여로보암이 행한 모든 죄를 따라 행하여 거기서 떠나지 아니하므로 ²³여호와께서 그의 종 모든 선지자를 통하여 하신 말씀대로 드디어 이스라엘을 그 앞에서 내쫓으신지라 이스라엘이 고향에서 앗수르에 사로잡혀 가서 오늘까지 이르렀더라"_〈열왕기하〉 17:22~23

• 열왕기하 25:1~2

선지자들의 외침과 질타에도 불구하고, 하나님의 백성인 이스라엘은 하나님의 주권을 거부했다. 그 결과 그 땅은 이방 민족 앗수르와 바벨론에게 넘어가게 되었다. 이는 하나님의 주권을 인정하는 것이 땅을 유지하는 유일한 방법이라는 역사적 교훈을 준다.

† TIP

바벨론
B.C. 625년경부터 B.C. 539년 페르시아에 의해 멸망할 때까지 메소포타미아 남부 지역(오늘날 이라크 지역)을 중심으로 형성된 대제국이다. 느부갓네살 2세(B.C. 605~562년) 때 앗수르를 멸망시키고, 예루살렘을 정복(B.C. 586년)하는 등 절정기를 맞았다. 그러나 B.C. 539년 페르시아의 고레스에 의해 멸망한다.

• 디모데후서 4:1~2

이제 신약시대 이후로 땅은 이스라엘을 넘어 하나님의 복음이 선포되고 주님을 믿는 모든 백성의 거주지로 확대된다. 나아가 하나님의 교회를 이루어 세상을 하나님께서 통치하는 세상으로 바꾸어 나가야 하는 사명이 우리에게 주어졌다.

• 요한계시록 21:1

하나님 나라는 이 세상 땅의 개념을 넘어 하나님께서 다스리시는 통치 영역을 의미한다. 하나님 나라는 지상에서 완성되지 않는다. 최후에 하나님께서 직접 통치하는 영원한 새 하늘과 새 땅에서 완성되는 것이다.

✏️ 지금까지 정리한 땅의 이야기를 배경으로 다음의 도표를 완성해 보라.

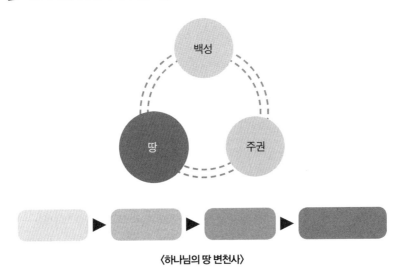

〈하나님의 땅 변천사〉

주권

하나님의 백성은 하나님의 언약적 선택으로 이루어지고, 땅은 하나님께서 자신의 백성에게 주시는 선물이다. 땅의 유지와 발전은 하나님의 백성이 하나님께서 주신 삶의 영역(땅)에서 그분의 주권을 인정하느냐에 달려 있다. 첫 사람 아담과 하와가 에덴동산에서 쫓겨난 것도 바로 하나님의 주권을 인정하지 않았기 때문이며, 하나님께서 아브라함과 그 후손을 선택한 이유도 온 인류가 하나님의 가르침을 지키도록 하기 위함이다.

하나님 나라의 세 번째 개념이자 가장 핵심적인 것은 하나님의 주권이다. 그 이유를 적어 보라.

출애굽기 20장에서 민수기 10장까지는 하나님께서 모세를 통해 주신

율법이 기록되어 있다. 이는 모세가 이끄는 이스라엘 백성이 하나님께 받은 율법으로, 이 율법에는 하나님의 주권을 인정하기 위한 삶의 규범이 기록되어 있다. 또한 신명기 전체는 가나안에 들어가게 된 새로운 세대에게 모세가 재차 하나님의 주권을 인정하며 살아갈 것을 가르치는 말씀이다.

📝 아담과 하와의 실패 후, 하나님께서는 이스라엘을 택하여 언약을 맺으시고 하나님의 주권을 인정하도록 하셨다. 하나님의 주권은 무엇으로 구체화되었는가?

하나님의 주권을 인정한다는 것은 육체의 욕심을 따라 살지 않고 성령의 인도하심을 따라 살아가는 것이다. 예수님께서는 구약의 율법을 한마디로 정의하셨다. 율법 조항을 지키는 것을 넘어 하나님을 사랑하고 이웃을 사랑하라는 말씀에 순종하는 것이 바로 삶에서 하나님의 주권을 인정하는 것이라고 말이다. 성령의 인도를 받으며 하나님 말씀에 절대적으로 순종하는 것이 결국 하나님의 백성이 살아가는 방법이며 하나님께서 요구하는 기독교적인 삶이다. 이렇게 살아갈 때 하나님의 백성은 하나님 나라를 확장해 가는 축복의 삶을 살게 된다.

구약의 율법은 오늘날 우리에게 문자 그대로 지킬 것을 요구하지 않는다. 하지만 우리는 율법 속에 하나님의 뜻과 삶의 원리를 발견하고 그것을 따라야 함에는 변함이 없다. 구약의 율법을 통해 드러난 하나님의 주권은 오늘날 어떻게 인정되어야 하는가?

지금까지의 내용을 바탕으로 성경에 나타난 하나님의 주권 변천사를 정리해 보라.

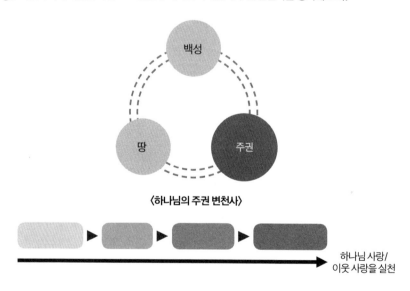

⟨하나님의 주권 변천사⟩

하나님 사랑/
이웃 사랑을 실천

🌿 이 과의 핵심 정리

1. 하나님의 백성은 '아담과 하와 → 아브라함과 그의 자손 → 이스라엘 → 성도'로 확장된다. 하나님의 구원 계획은 처음부터 온 세상을 향한 것이었다.
2. 하나님께서 자신의 백성에게 주신 땅은 '에덴동산 → 가나안 → 온 세상 → 새 하늘과 새 땅'으로 확장된다. 하나님의 백성은 하나님께서 주신 땅에서 하나님 나라를 확장해 나가야 한다.
3. 하나님의 주권은 '선악과 명령 → 율법 → 하나님 말씀 → 하나님의 통치'로 확장된다. 하나님 나라를 확장하는 방법은 하나님의 주권에 순종하는 것이다.

🌿 이번 주 과제

하나님 나라 관점으로 뽑은 핵심 말씀을 성경에 체크하며 읽기

성경	범위	핵심 말씀
사무엘상	1~10장	1:27~28, 2:11~12, 3:19, 4:11, 5:1, 6:19~20, 7:5, 8:5, 9:2, 10:1
	11~20장	11:11~12, 12:13~15, 13:13~14, 14:6,52, 15:22~23, 16:13, 17:45, 18:8~9, 19:1, 20:16~17
	21~31장	21:10, 22:1~2, 23:14, 24:15, 25:3, 26:23, 27:1, 28:7,18~19, 29:9, 30:6,24~25, 31:11~12
사무엘하	1~8장	1:11~12, 2:1, 3:6, 4:1, 5:4~5,19, 6:2~3, 7:12~13, 8:14~15
	9~16장	9:6~7, 10:19, 11:27, 12:1,10, 13:37, 14:33, 15:12, 16:22~23
	17~24장	17:14,23, 18:33, 19:15, 20:1~2, 21:1, 22:21~23, 23:8, 24:10
열왕기상	1~7장	1:38~39, 2:2~4, 3:7~9, 4:25, 5:12, 6:11~13, 7:51
	8~14장	8:33~34,61, 9:4~6, 10:26~27, 11:1,9, 12:20, 13:1~2, 14:7~10
	15~22장	15:3~4,11, 16:29~30, 17:1, 18:38~39,41, 19:15~18, 20:34,42~43, 21:16~19, 22:37~38
열왕기하	1~8장	1:1~2, 2:15, 3:5,17~18, 4:35~36, 5:14, 6:17, 7:6~7, 8:15,22
	9~16장	9:24~26, 10:10~11,30~31, 11:20~21, 12:2~3, 13:1~3,20, 14:3~4,23~24, 15:3~4,27~28, 16:2,6~9
	17~25장	17:6~8, 18:3~4, 19:19~20, 20:3~4,17~18, 21:2~3, 22:1~2, 23:1~3, 24:1~2, 25:1~2

4과

땅의 상실 과정
자세히 보기

구약을 이해하기 위해 가장 어려운 부분은 솔로몬 이후의 분열 왕정 시대에서 바벨론 포로
기, 그 이후까지 다루어지는 역사서 후반부와 동시대에 활동했던 선지자들의 책일 것이다.
북이스라엘과 남유다를 다스렸던 많은 왕, 그들과 주변국들과의 외교 관계와 전쟁, 거기에
선지자들까지 얽혀 구약을 이해하기 어렵게 만든다. 이 부분을 명쾌하게 이해할 수만 있다
면, 구약은 한결 쉬워질 것이다.

솔로몬 사후인 B.C. 930년 이후부터 바벨론 포로기가 끝나는 시점인 B.C. 539년까지의
이스라엘 역사는 하나님 나라의 관점으로 볼 때 축복이자 사명이었던 땅을 잃어버리는 과
정이라 말할 수 있다. 하나님께서 이스라엘 백성에게 약속한 땅을 온전히 차지했던 다윗과
솔로몬 시대 이후 땅의 상실 과정을 자세히 살펴보면서 구약을 하나님 나라 관점으로 쉽게
이해할 틀을 만들어 보자.

성경의 땅

✎ 다음의 지도에서 이스라엘을 지배했던 나라들의 이름을 빈 칸에 적어 보라. 그리고 제시된
말씀을 토대로 그들이 이스라엘에게 어떤 영향을 미쳤는지 정리해 보라.

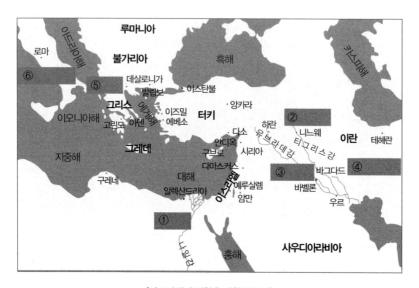

〈이스라엘에 영향을 미친 제국들〉

① 출애굽기 1:12; 열왕기상 3:1; 열왕기하 18:21; 이사야 19:1; 마태복음
   2:14; 요한계시록 11:8

② 열왕기하 15:19~20, 16:7~10, 17:23~26; 이사야 10:5; 에스겔 23:9

③ 열왕기하 17:24, 20:12, 24:1, 25:7~11; 예레미야 20:4~5; 요한계시록
   14:8, 16:19, 18:2

④ 역대하 36:20~23; 에스라 1:1~2, 6:14; 에스더 1:18~19

⑤ 다니엘 8:21, 10:20; 스가랴 9:13; 마가복음 7:26; 사도행전 6:1, 18:4, 20:2; 고린도전서 1:22

⑥ 요한복음 11:48; 사도행전 2:10, 16:21, 19: 21, 23:11, 28:16; 로마서 1:15

하나님께서 아브라함에게 약속하신 가나안 땅은 하나님 나라를 온 세상에 이루어가기 위한 발판이다. 모세는 아브라함 자손을 이끌고 출애굽하여 하나님께서 주신 땅으로 나아갔다. 그 땅의 경계는 남으로는 광야, 북으로는 레바논, 북동쪽으로는 유브라데강, 서쪽으로는 대해까지이다.

✏️ 다음의 지도를 보고 약속의 땅에 대해 설명해 보라.

〈약속의 땅〉

여호수아의 정복과
사사시대의 쇠퇴

여호수아의 정복전쟁으로 이스라엘은 요단강 동서지역을 차지하게 되었다. 그 땅들은 열두 지파에게 분배되었고, 분배된 지역의 완전한 정복과 확장은 후대의 몫으로 남겨졌다. 하지만 사사시대로 와서 이스라엘은 믿음으로 땅을 정복하지 않고 오히려 주변국의 우상숭배를 받아들였다. 각자가 자기의 소견대로 행하며, 하나님의 말씀대로 행하지 않았던 것이다.

📝 여호수아의 정복전쟁으로 이스라엘은 요단강 동서지역을 차지하게 되었다. 하지만 사사시대로 와서는 땅을 넓히기보다 오히려 조금씩 빼앗겼다. 그 이유는 무엇인가?

✏️ 다음의 지도는 사사시대 각 지파의 위치와 주변 이방 나라들에 의해 이스라엘의 땅이 축소되고 있는 모습이다. 이스라엘을 침략한 족속들의 이름을 빈칸에 채워 보라.

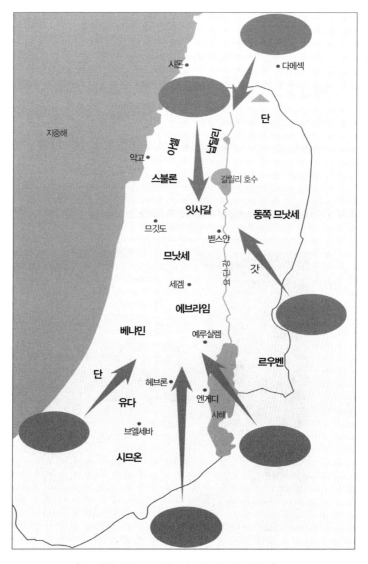

〈이스라엘의 열두 지파와 사사시대 이방민족의 침략〉

사무엘부터 다윗과 솔로몬의 승리

사사시대를 지나 하나님의 주권은 한나의 아들 사무엘을 통해 회복되기 시작하였고, 보아스와 룻의 자손인 다윗에게서 꽃을 피운다. 그리고 솔로몬 시대에 하나님이 약속하신 유브라데강까지 모든 지역을 차지하게 된다.

✎ 다음의 지도는 사울–다윗–솔로몬 시대에 땅이 회복되는 모습이다. 빈칸을 채워 보라.

〈사울, 다윗, 솔로몬 시대의 이스라엘 영토〉

다윗은 법궤를 예루살렘으로 옮기고, 성전 건축에 필요한 모든 것을 마련하였다. 그리고 하나님께서 약속하신 땅을 정복해 나가기 시작했다. 다윗은 여부스 사람을 정복하여 예루살렘을 하나님께 드렸고, 이스라엘을 괴롭히던 블레셋을 정복했다. 이를 발판으로 주변국들을 계속해서 정복하여 하나님을 경배하는 땅으로 바꾸어 갔다. 이러한 행보를 통해 다윗이 왕으로서 이스라엘을 다스릴 때 하나님의 주권과 임재를 가장 소중히 여겼다는 것을 알 수 있다.

✍ **다윗이 왕이 된 이후의 행보를 정리하고, 그가 가장 중요하게 여긴 것은 무엇인지 적어 보라.**

솔로몬의 실패와 땅의 위기

솔로몬 시대의 이스라엘은 최대의 영토를 갖게 되었고, 샬롬의 시대를 누렸다. 하지만 솔로몬의 통치 말기, 주변에 여러 대적들이 나타났고 이스라엘이 분열되었다. 이스라엘 북쪽 지역에 위치한 아람-소바의 르손이 솔로몬을 대적했고, 솔로몬의 신하였던 여로보암이 아히야 선지자의 예언을 따라 솔로몬을 반역했다.

✎ 다음은 솔로몬의 대적들을 표시한 지도이다. 다음의 지도에 대해 설명해 보라.

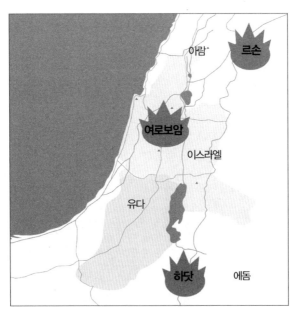

〈솔로몬 통치 말기에 일어난 대적들(왕상 11장)〉

솔로몬은 말년에 하나님보다 나라의 부국강병에 더 초점을 맞추었다. 결국 하나님의 주권을 인정하지 않고 율법을 지키지 않아 이스라엘에 큰 위기를 자초하게 되었다.

🖊 솔로몬 통치 말기에 이스라엘이 위기를 맞게 된 이유는 무엇인가?

주권 거부와
북이스라엘의 멸망

✏️ 여로보암이 건국한 북이스라엘의 왕들을 열거해 보라. 참고로 '→'는 아들이나 형제에게 계
승된 것을 의미하며, '/'는 쿠데타가 일어나 왕조가 바뀐 것을 의미한다.

☐☐☐☐☐ → 나답 / 바아사 → 엘라 / 시므리 / 오므리 → ☐☐ → 아하시야 →
요람(여호람) / ☐☐ → 여호아하스 → 요아스 → 여로보암 → 스가랴 / 살룸 / 므나헴 →
브가히야 / 베가 / ☐☐☐

북이스라엘의 여로보암은 정치적인 이유로 하나님의 율법을 버리고
우상숭배를 받아들였다. 그리고 여로보암 이후 왕들도 그와 비슷한 길
을 걸었다. 하나님의 주권이 무너진 왕조의 운명은 계속되는 쿠데타만
이 아니라 하나님이 주신 땅을 상실하게 된다. 유브라데까지 지배하던
과거의 영화는 생각할 수 없을 정도로 어려워지고, 요단강 동서의 영토
를 지키는 것도 쉽지 않았다. 하나님은 계속해서 이스라엘 백성을 긍휼
히 여겨 선지자들을 보내셨지만, 이스라엘은 하나님의 주권을 인정하
는 삶으로 돌아오지 않았다. 결국 북이스라엘은 200여년의 짧은 역사
를 뒤로하고 앗수르에게 멸망당하고 말았다. 이후 북이스라엘은 앗수
르 제국의 각지로 유배되었고, 이민족들이 북이스라엘로 이주해 왔다.

✏️ 앞의 문항에서 열거된 왕들과 다음의 지도를 참조하여 북이스라엘의 왕조와 멸망 과정을 정
리해 보라.

〈앗수르의 침략(B.C. 722)〉

남유다의 타락과 멸망 과정

📝 솔로몬 사후 약 350년간 존속한 남유다의 왕들을 열거해 보라. 이름에 밑줄이 그어진 왕은 다윗의 뒤를 이어 긍정적인 평가를 받았던 왕을 의미한다.

□□□□ → 아비얌(아비야) → <u>아사</u> → <u>여호사밧</u> → 여호람(요람) → 아하시아 → 아달랴 → 요아스 → <u>아마샤</u> → <u>웃시야(아사랴)</u> → <u>요담</u> → 아하스 → □□□□ → □□□ → 아몬 → □□□ → 여호아하스 → 여호야김 → 여호야긴 → □□□□

유다의 왕들은 히스기야 때까지 절반 이상이 긍정적인 평가를 받았다. 이것이 북이스라엘보다 남유다가 건재했던 이유이다. 하지만 히스기야 이후 요시야를 제외하고는 모두 부정적인 평가를 받았다. 결국 남유다 는 바벨론에 의해 멸망을 당하게 된다.

남유다는 첫째 왕인 르호보암 때 애굽으로부터 침략을 받았다. 이것은 솔로몬의 타락에 대한 심판이며, 르호보암의 악에 대한 보응이었다. 이 후 에돔이 반역하고 아람에 의해 땅을 잃게 되자, 앗수르 왕에 의지해 겨 우 아람의 침략을 막았다. 하지만 이때부터 유다는 앗수르의 영향권에 들어가게 되어 히스기야 때까지 이른다. 이후 히스기야의 아들 므낫세 는 유다의 가장 악한 왕으로 므낫세에 의해 본격적으로 멸망의 길에 접 어든다. 결국 바벨론에 의해 유다는 여러 차례 침략 당하고 완전히 멸망 한다.

📝 앞의 문항에서 열거된 왕들과 다음의 지도를 보면서 남유다의 멸망 과정을 정리해 보라.

〈유다의 바벨론 유배(B.C. 586)〉

하나님의 주권 회복과 땅의 회복

바벨론에 포로로 잡혀간 다니엘과 에스겔 같은 선지자들은 하나님의 부르심을 받아 하나님의 주권을 회복하기 위해 힘썼다. 다니엘은 바벨론이 멸망할 때까지 이방 땅에서 자신의 소명을 다했고, 에스겔도 파괴된 성전이 다시 회복될 것을 꿈꾸며 바벨론에서 하나님의 주권을 회복하라고 외쳤다. 하나님 징계의 시간이 끝나고 바사 왕 고레스를 통해 하나님의 백성은 다시 예루살렘으로 보내졌다. 스룹바벨에 의해 성전이 재건되고 에스라와 느헤미야에 의해 신앙 회복이 일어났다. 학개와 스가랴 선지자는 성전 재건을 위해 하나님의 백성을 독려했으며, 말라기는 타락해 가는 신앙에 새 힘을 불어넣었다. 이후 하나님의 백성은 겨우 예루살렘에 작은 성전을 짓고 명맥을 이어갔다. 그리고 차례로 헬라(셀류커스 왕조, 프톨레미 왕조)에서 로마의 통치를 받으며 메시아를 기다리게 되었다.

✏️ 다음의 말씀을 참고하여 바벨론 포로 이후 하나님께서 이스라엘에 하나님의 주권을 회복시키는 모습을 정리해 보라.

> "왕이 그들과 말하여 보매 무리 중에 다니엘과 하나냐와 미사엘과 아사랴와 같은 자가 없으므로 그들을 왕 앞에 서게 하고"_〈다니엘〉 1:19
>
> "갈대아 땅 그발 강 가에서 여호와의 말씀이 부시의 아들 제사장 나

에스겔에게 특별히 임하고 여호와의 권능이 내 위에 있으니라"
_〈에스겔〉 1:3

"바사 왕 고레스는 말하노니 하늘의 하나님 여호와께서 세상 모든 나라를 내게 주셨고 나에게 명령하사 유다 예루살렘에 성전을 건축하라 하셨나니"_〈에스라〉 1:2

"만군의 여호와가 이르노라 너희가 눈 먼 희생제물을 바치는 것이 어찌 악하지 아니하며 저는 것, 병든 것을 드리는 것이 어찌 악하지 아니하냐 이제 그것을 너희 총독에게 드려 보라 그가 너를 기뻐하겠으며 너를 받아 주겠느냐"_〈말라기〉 1:8

🌿 이 과의 핵심 정리

하나님께서 아브라함에게 약속하신 가나안 땅은 여호수아에 의해 정복되어 12지파에게 분배되었지만, 이스라엘은 하나님을 떠나고 가나안 족속의 영향을 받는다. 결국 이스라엘은 그 땅의 민족들에게 공격을 받게 되고, 사사들에 의해 겨우 가나안 땅에 머물고 있었다. 이후 사무엘, 다윗, 솔로몬에 의해 하나님의 주권이 확립되고 이스라엘은 주변국을 정복하여 하나님께서 약속하신 땅을 모두 회복하게 된다. 하지만 솔로몬의 말년 이후 이스라엘은 남과 북으로 분열된다. 하나님의 주권을 인정하지 않은 북이스라엘이 앗수르에 의해 멸망하고, 뒤이어 남유다도 바벨론에 의해 멸망당한다. 고레스에 의해 유대인들은 예루살렘에 귀환하고 성전을 짓는다. 이렇게 하나님 나라는 명맥이 이어지지만, 계속해서 헬라와 로마의 지배 아래서 메시아를 기다린다.

🌿 이번 주 과제

하나님 나라 관점으로 뽑은 핵심 말씀을 성경에 체크하며 읽기

성경	범위	핵심 말씀
역대상	1~10장	1:1,34, 2:1~2, 3:1,10, 4:1,9~10, 5:1~2, 6:1, 7:1,6,13~14,20,30, 8:1,33, 9:1~2, 10:13~14
	11~20장	11:6~9, 12:38, 13:3~4, 14:16~17, 15:1, 16:14~17, 17:12, 18:14, 19:19, 20:1
	21~29장	21:7~8, 22:11~13, 23:1~2, 24:2~3, 25:1, 26:1,20,29, 27:1,16, 28:6~9, 29:3,11~12
역대하	1~9장	1:9~10, 2:1, 3:1, 4:11, 5:2, 6:19,21, 7:11~14,17~20, 8:11, 9:8
	10~18장	10:16~17,19, 11:14~17, 12:1~2, 13:20~21, 14:2~4, 15:8, 16:7,12, 17:3~4, 18:1,4
	19~27장	19:4~5, 20:3~4, 21:4~6, 22:2~3, 23:16,21, 24:2,4,20, 25:2,14,27, 26:4~5,16, 27:2
	28~36장	28:1, 29:2, 30:1, 31:1~2, 32:7~8,25~26, 33:9,23, 34:1~2,8,14, 35:1, 36:2~4,17,22~23
에스라	1~10장	1:2~3, 2:64~65, 3:8, 4:4,24, 5:2, 6:14~15, 7:8,10, 8:1, 9:2~3, 10:11~12
느헤미야	1~13장	1:11, 2:17~18, 3:1, 4:1,3, 5:1, 6:15~16, 7:1~2, 8:1, 9:1~2,38, 10:1, 11:1~2, 12:27, 13:14
에스더	1~10장	1:12, 2:17, 3:13, 4:16, 5:8, 6:1~2, 7:6,10, 8:3,17, 9:22, 10:3

하나님 나라 관점으로
성경 정리하기

지금까지 우리는 백성-땅-주권의 세 가지 요소로 이루어진 하나님 나라 개념으로 성경 전체를 개관했다. 더불어 관계 설정, 선물 수여, 조건 제시로 이루어진 고대 근동의 언약이 인류를 구원하여 이 땅을 하나님 나라로 회복하실 하나님의 구원 계획을 계시하기 위한 중요한 개념임을 파악하였다.

이렇게 성경을 개관하는 과정을 통해 우리는 하나님께서 온 인류를 하나님의 백성으로 택하시고 하나님의 뜻을 말씀으로 계시하여 백성을 통치하며 타락으로 왜곡된 땅을 회복시키신다는 것을 깨닫게 되었다. 하나님의 구원은 예수 그리스도를 통해 하나님 나라를 회복하시는 과정이다.

우리는 지금까지 원리편에서 배운 내용들을 정리하며, 구약편과 신약편으로 더 깊이 들어가기 위한 발판을 삼게 될 것이다.

하나님 나라의 개념으로
구분해 본 성경

📝 다음의 말씀을 참고하여 성경 속에 나타난 하나님 나라의 발전 과정을 다시 정리해 보라.

성경구분	창세기 1~11장	창세기 12장 ~말라기	마태복음~ 요한계시록 20장	요한계시록 21~22장
국민				
영토				
주권				

"선악을 알게 하는 나무의 열매는 먹지 말라 네가 먹는 날에는 반드시 죽으리라 하시니라"_⟨창세기⟩ 2:17

"네 조상의 하나님 여호와께서 네게 주셔서 차지하게 하신 땅에서 너희가 평생에 지켜 행할 규례와 법도는 이러하니라"_⟨신명기⟩ 12:1

"그런즉 너희는 먼저 그의 나라와 그의 의를 구하라 그리하면 이 모든 것을 너희에게 더하시리라"_⟨마태복음⟩ 6:33

"다시 저주가 없으며 하나님과 그 어린 양의 보좌가 그 가운데에 있으리니 그의 종들이 그를 섬기며"_⟨요한계시록⟩ 22:3

구약에서 신약으로 개념 전환

📝 성경에서 하나님 나라의 개념에 대한 분명한 전환의 사건은 예수 그리스도다. 예수 그리스도 를 중심으로 구약에서 신약으로 전환되는 하나님 나라의 개념을 다시 정리해 보라.

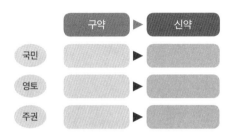

구약	▶	신약
국민	▶	
영토	▶	
주권	▶	

📝 구약에서 신약으로 넘어가는 과정에서 하나님 나라의 3요소가 어떤 식으로 전환되는지 말 씀을 통해 구체적으로 정리해 보라.

백성(국민)	갈라디아서 3:5~9	
영토(땅)	사도행전 1:8	
주권	디모데후서 3:16 마태복음 5:17 요한계시록 1:3	

성경의 8구분과
하나님 나라의 관점으로 요약

📝 전통적으로 신·구약 성경 66권은 저자, 본문의 내용, 장르 등으로 묶어 총 8부분으로 구성 된다. 8부분이 하나님 나라를 어떻게 완성해 나가는지 정리된 것을 보고, 다음의 도표에 8부 분을 구분하여 적어보라.

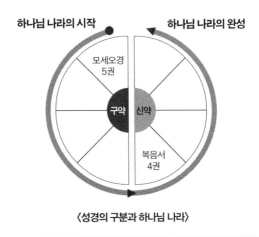

〈성경의 구분과 하나님 나라〉

① 모세오경: 역사 속에서 이루어질 하나님 나라 원리를 제시한다.

② 역사서: 이스라엘의 역사를 통해 하나님 나라의 원리가 어떻게 실제 로 적용되는지 보여 준다.

③ 시가서: 역사의 과정에서 도출된 하나님 나라의 원리를 집약하여 대 화, 잠언, 시, 노래의 형태로 전해 준다.

④ 선지서: 구약의 이스라엘 죄악과 실패를 경고하며, 메시아를 통해 하나님 나라를 성취할 것을 예언한다.

⑤ 복음서: 구약에서 예언한 메시아, 예수 그리스도를 통해 성취된 하나님 나라의 복음을 전해 준다.

⑥ 역사서(사도행전): 예수님께서 성취하신 하나님 나라의 복음에 세워진 교회가 땅 끝까지 확장되는 과정을 기록하고 있다.

⑦ 서신서: 세워진 교회들에게 그들이 믿는 신앙의 내용(교리)과 살아야 할 삶의 내용(윤리)에 대한 교훈을 편지 형식으로 전해 준다.

⑧ 예언서(요한계시록): 재림을 통해 완성될 하나님 나라의 모습을 보여 주고, 영적 전쟁에서 승리하며 믿음 지킬 것을 묵시로 전한다.

성경은 결국 하나님 나라 관점으로 흘러가며, 한 방향으로 나아간다. 위의 문항과 다음의 도표를 참고하여 성경의 흐름 속에 있는 하나님 나라를 정리해 보라.

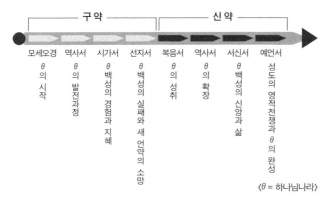

〈성경의 흐름 속에 있는 하나님 나라〉

성경관통을 위한 성경의 역사

✍ 다음의 연대표는 이스라엘(남유다와 북이스라엘)과 이스라엘에 직접적인 영향을 미친 제국들을 중심으로 구성되었다. 이 연대표에 나오는 중요한 역사적 분기점을 따라 성경의 각 권을 시대적으로 구분하면 구약의 말씀을 좀 더 쉽게 이해할 수 있다. 〈시대 구분〉에 있는 빈 칸을 채우며, 다음의 연대표를 완성해 보라.

시대 구분	연대(대략)	오경 역사서	선지서		시가서	주요 열방
			남유다	북이스라엘		
		창 1~11				
족장시대	B.C. 2,100~	창 12~50			욥기	애굽
	B.C. 1,450~ B.C. 1,380	출애굽기~ 여호수아				
	B.C. 1,380~ B.C. 1,150	사사기, 룻기				아람, 암몬 모압, 미디안 블레셋
(사울, 다윗)	B.C. 1,050~ B.C. 930	사무엘, 역대상 (창조부터)			시편	
	B.C. 930~ B.C. 722	열왕기	요엘	요나 호세아 아모스	잠언 전도서 아가	앗수르
	B.C. 722~ B.C. 586	역대하 (솔로몬에서 1차 포로귀환까지)	이사야, 미가			앗수르
			나훔, 스바냐 하박국, 오바 댜, 예레미야			바벨론
	B.C. 586~ B.C. 539		다니엘 에스겔			바벨론
	B.C. 539~	에스더, 에스라 느헤미야	학개, 스가랴 말라기			페르시아
헬라 시대	B.C. 332~ B.C. 323	중간기				헬라 제국
프톨레미 왕조 시대	B.C. 320~ B.C. 197					
셀루커스 왕조 시대	B.C. 197~ B.C. 166					
하스몬 왕조 시대	B.C. 142~ B.C. 63					독립국
	B.C. 63~ A.D. 476	신약성경				로마

〈성경을 관통하기 위한 제국 중심의 연대표〉

📝 성경의 역사 이해의 중요한 분기점을 연도와 함께 정리해 보라.

출애굽	년경
다윗 시대	년경
북이스라엘의 멸망	년경
남유다의 멸망	년경
바벨론의 멸망과 유다의 귀환	년경
에스라와 느헤미야의 귀환	년경
로마 시대의 시작	년경
예수님의 탄생	년경

🌿 이 과의 핵심 정리

1. 성경을 하나님 나라의 개념 4단계로 구분해 본다.
2. 구약에서 신약으로 넘어가는 과정에서 하나님 나라의 3요소가 어떻게 전환되는지 정리하자.
3. 성경 66권을 8부분으로 나누어 보고, 각 부분이 하나님 나라의 완성을 향해 어떻게 나아가는지 정리하자.
4. 성경의 전체 역사는 대략적으로 '창조-족장-출애굽/가나안 정복-사사-통일왕국-분열왕국-남왕국 단독-바벨론 포로-메대/바사-헬라(프톨레미/셀루커스)-하스몬 왕조-로마제국 시대'로 정리할 수 있다.